AF371183

VENTE

APRÈS CESSATION DE COMMERCE

DE TOUS LES LIVRES

Garnissant la Boutique et les Appartemens de la Maison de Commerce de Madame Veuve MOUTARDIER, Libraire, quai des Augustins, au coin de la rue Gît-le-Cœur.

———

Cette Vente aura lieu au susdit domicile, en la manière accoutumée, les 3, 4 et 5 Novembre 1808, cinq heures de relevée.

———

Les Conditions de la Vente se trouvent de l'autre part, et l'ordre des Vacations à la fin de la Notice.

CETTE NOTICE SE DISTRIBUE,

A PARIS,

Chez Madame Veuve MOUTARDIER, Libraire, quai des Augustins, au coin de la rue Gît-le-Cœur;

Et chez M. ANDRÉ, Commissaire-Priseur, rue Saint-André-des-Arcs.

CONDITIONS DE LA VENTE.

Presque tous les Articles de cette Notice, annoncés *reliés*, étant de reliure neuve, ils seront vendus comme *en feuilles*, et l'acquéreur tiendra compte de la reliure, au prix accoutumé, en raison du format : mais le montant de cette reliure sera joint à celui du *blanc*, et sujet aux mêmes termes de crédit.

Les acquéreurs jouiront d'un crédit d'une année, dont six mois sans rien payer ; ils solderont, dans la quinzaine après livraison, leur bordereau, en leurs effets ou en billets de porte-feuille, payables aux époques ci-après déterminées.

Je me réserve la faculté d'accepter ou refuser les effets qui me seront présentés en paiement.

Arrivant le cas où l'acquéreur ne pourrait solder le montant de ses acquisitions, soit en ses propres effets, soit en billets de porte-feuille, parce que les uns ni les autres ne pourroient me convenir, il sera tenu de payer comptant, avec une remise de six pour cent, si l'acquisition se monte à cent francs, et sans remise si l'acquisition est inférieure.

Les billets seront en francs, et ne pourront être au-dessous de cent francs ; le premier sera payable le 15 juin 1809 fixe, et les autres de mois en mois, et de pareille somme.

Ve MOUTARDIER.

NOTICE

DES

PRINCIPAUX ARTICLES

DE LA VENTE,

Chaque Vacation commencera par un nombre considérable d'Articles, brochés et reliés, neufs et de hazard, lesquels ne font point partie de la présente Notice.

THÉOLOGIE

Ecriture Sainte; Théologiens moraux et Ascétiques, sermonaires, etc.

Nomb. des
exemp.

2 ROYAUMONT, (*M. de Sacy.*) Histoires du vieux et du nouveau Testament, avec fig. et explications. *Lyon*, 1798, in-4.° *rel.*

1 — Les mêmes, *Saint-Brieux*, 1802, in-8.°, fig. gr.-pap. *br.*

3 Médaillons sur tous les livres de l'ancien et du nouveau Testament, in-4.°, fig. *br.*

4 *Fleury.* Catéchisme historique, in-12 *rel.*

1 *Tricallet.* Bibliothèque portative des Pères de l'Eglise, 8 vol. in-8.° *br.*

1 — La même, 8 vol. in-8. *rel.*

1 *Bergier.* Dictionnaire de Théologie. *Liège*, 1792, 8 vol. in-8°.

4 Instructions sur les fonctions du Ministère Pastoral,
   par l'*Evêque* de *Toul*, 5 vol. in-12.

8 *Jard.* Religion Chrétienne méditée. *Paris*, 1763,
   6 vol. in-12, *rel.*

2 *Giraudeau.* L'Evangile médité. *Lyon*, 1804, 8
   vol. in-12 *rel.*

2 *Segnery.* Méditations pour tous les jours de l'année.
   Bruxelles, 1738, 4 vol. in-12, *br.*

4 *Chevassu.* Méditations sur les Vérités chrétiennes.
   Lyon, 1781, 6 vol. in-12, *rel.*

5 *Baudrand.* L'Ame élevée à Dieu, et l'Ame Pénitente. *Lyon*, 1803, 2 vol. in-12, *rel.*

4 — La même, en un vol. *rel.*

10 *Berthier.* Science de l'Oraison Mentale. *Paris*,
   1791, in-12, *rel.*

20 Instructions sur l'Oraison Mentale, in-24, *br.*

3 *Besombes de Saint-Geniez.* Sentimens d'une Ame
   Pénitente, revenue des erreurs de la philosophie
   moderne. *Paris*, 1789, 2 vol. in-12, *rel.*

7 Le Verbe Incarné, etc. *Paris*, 1776, in-12, *rel.*

2 *Compans.* Vie de Jésus Christ. *Paris*, 1788, 2 vol.
   in-12, *rel.*

1 *Montargon.* Dictionnaire Apostolique, 12 vol.
   in-8.º, *br.*

2 *Massillon.* Ses Sermons, 15 vol. in-12, *rel.*

11 — Carême, 4 vol. petit-in-12, *rel.*

1 *Clément.* Ses Sermons. *Paris*, 1770, 9 vol. in-12,
   rel.

2 — Les mêmes, 9 vol. in-12, *br.*

1 *Collet.* Sermons, Discours et Panégyriques. *Paris*,
   1775, 2 vol. in-12, *rel.*

JURISPRUDENCE.

1 *Felice.* Droit de la Nature et des Gens. *Lyon*, 1769,
   4 vol. in-8.º, *br.*

1 *Felice.* Dictionnaire de Justice naturelle et civile.
   Iverdun, 13 vol. in-4.º cart. (manque le
   tome 12).

1 *Baluzii.* Capitularia Regum francorum, edente
   de Chiniac. *Namur*, 1780, 2 vol. in-fol. *br.*

1 *Durand* le jeune, etc. Dictionnaire de droit
   Canonique. *Paris*, 1766, 6 vol. in-8.º, *br.*

1 *Brillon.* Dictionnaire des Arrêts. *Lyon*, 1788,
   7 vol. in-4.º, (manque le tome 6).

SCIENCES ET ARTS.

Philosophes anciens et modernes, Collections Académiques, françaises et étrangères.

3 *Meiners.* Histoire des Sciences dans la Grèce, trad. par Laveaux. *Paris,* 1799, 5 vol. in-8.°, rel.

5 *Platon.* Traité de la République, trad. par Grou, 2 vol. in-12, *br.*

1 *Pascal.* Collection de ses œuvres, publiée par l'abbé Bossut. *Paris,* 1779, 5 vol. in-8.°, fig. rel.

1 *Montesquieu.* Collection de ses œuvres, plus complète que les précédentes; 1796; 5 vol. in-8.° rel.

1 — La même, *br.*

1 *Rousseau (J.-J.).* Du Contrat Social. *Paris,* Didot jeune, 1795, pet. in-fol. pap. vél.

5 *Mably.* Entretiens de Phocion, sur le rapport de la Morale avec la Politique. *Paris,* Didot jeune, 1794, pet. in-fol. pap. vél. fig. avant la lettre.

10 *Condillac.* Ses œuvres philosophiques. *Paris,* 1792, 3 vol. in-12, *rel.*

1 — Les mêmes, *br.*

4 *Condillac.* Sa Logique à l'usage des Prytannés, publiée par Noël. *Paris,* 1802, 3 vol. in-12, *rel.*

2 — La même, *br.*

5 — La même, en un vol. in-12, *br.*

9 *Condillac.* La langue des Calculs. *Paris,* 1798, 2 tomes, *rel.* en 1 vol. in-12.

3 — La même, *br.*

2 — La même, in-8.° *br.*

1 *Helvétius.* Collection de ses œuvres, publiée par Bastien. *Paris,* 1795, 5 vol. in-8.°, pap. vél. *br.*

4 *Raynal.* Histoire philosophique, revue et corrigée par un magistrat. *Saint-Brieux,* 1786, 8 vol. in-8.°, *br.*

6 *Lametterie.* Collection de ses œuvres philosophiques. *Paris,* 1796, 3 vol. in-8.°, *br.*

1 *Harrington.* Ses Œuvres politiques trad. en franç. *Paris,* 1795, 3 vol. in-8.°, *rel.*

9 *Delisle de Salles.* Philosophie du Bonheur, servant de supplément à la Philosophie de la nature. *Paris,* 1800, 2 vol. in-8.°, fig., *rel.*

11 *Burke (Edmond).* Recherches philosophiques sur

l'origine du sublime et du beau, trad. de l'ang.; par
   Lavaïse. *Paris*, 1803, in-8.°, *br.*

1 *Joanet*. De la connoissance de l'homme dans son
   être et dans ses rapports. *Paris*, 1775, 2 vol. in-8°.

5 La Philosophie divine appliquée aux lumières célestes
   et naturelles, 1793, 3 vol. in-8.°, *br.*

1 *Quesnay*. Essai physique sur l'économie animale.
   Paris, 1747, 3 vol. in-12, *rel.*

1 *Smith*. Richesse des Nations, traduite par *Blavet*,
   4 vol. in-8.°, *br.*

1 *Herrenschwand*. De l'Economie politique et morale
   de l'espèce humaine. *Londres*, 1796, 2 vol. in-8.°
   broché.

1 *Anquetil Duperron*. L'Inde en rapport avec l'Europe, sur la politique et le commerce. *Paris*, 1798,
   2 vol. in-.8°, *rel.*

5 Logique de Port Royal, ou l'Art de penser. *Paris*,
   1775, 1 vol. in-12, *rel.*

10 *Dumarsais*. Logique et Principes de grammaire.
   Paris, 1807, 2 tomes en 1 vol., *rel.*

Académie des Sciences.

1 Histoire et Mémoires de l'Académie Royale des
   Sciences, depuis son établissement en 1666, jusqu'en
   1788; 106 vol. in-4°. — Recueil des Pièces qui
   ont remporté les prix, 9 vol. in-4°. — Recueil
   des Machines approuvées par l'académie, 7 vol.
   in-4°. — Mémoires de Mathématiques et de Physiques, par divers savans étrangers; 11 vol. in-4°.
   — Tables de l'Académie, par *Godin* et *Demours*,
   10 vol. in-4°. — Tables nouvelles, par *Rozier*,
   4 vol. in-4°. — Divers autres ouvrages faisant suite
   à l'Académie, 13 vol. in-4°.

La réunion de tous ces articles forme 159 *vol. in-4.°,*
relies.

Nota. Le *Recueil des prix* est imparfait des pièces
suivantes :

Au tome 2. *De implantatione malorum.* — *Mémoire*
   sur la Mâture des Vaisseaux, par Camus.

Au tome 3. *Mémoire sur les inclinaisons des Orbites*
des Planètes, par Dan. Bernouilli.

Au tome 4. *Plusieurs Pièces sur la nature du feu*,
par *Euler*; le *P. Lozeran du Fiesc*; M. *de Crecqui*;
madame *du Châtelet* et *Voltaire.*

Le tome 6 *manque en entier.*

Mémoires de l'Académie des Sciences, *volumes
séparés*, pour les années suivantes :

4 —	1765
4 —	1769
4 —	1774
1 —	1775
3 —	1776
4 —	1777
1 —	1778
10 —	1779
6 —	1780
3 —	1781
5 —	1782
5 —	1783
9 —	1784
12 —	1785
15 —	1786
1 —	1788

Savans Étrangers.

11 —	Tome 5.
19 —	Tome 9.

Tables de l'Académie.

9 —	Tome 8.
13 —	Tome 9.

2 Tables de l'académie, par l'abbé *Rozier*, 4 vol. in-4°.
9 La Hire. *Tabulæ astronomicæ*. Parisiis, 1727, in-4°.

Prix de l'Académie; (Pièces séparées, *lesquelles
seront vendues en un seul et même article*).

T o m e I.

8 Discours sur le mouvement, par *de Crousaz*, suivi
de la manière de conserver sur mer l'égalité du
mouvement d'une pendule, par *Massy* ; 1720.
11 *Bernouilly* (J.). Discours sur la communication du
mouvement, 1724 et 1726.
36 *Mac-Laurin*. Démonstration du choc des corps,
1724.
1 *Mazière*. Les Lois du choc des corps à ressorts
parfaits ou imparfaits; 1726.
37 Traité des Petits Tourbillons de la matière subtile,
servant d'éclaircissement à la pièce ci-dessus.
27 *Daniel Bernouilly*. Discours sur la manière de conserver sur mer l'égalité du mouvement des clep-
sydres ou sabliers, 1725.

  1 *Bouguer.* De la Mâture des vaisseaux ; 17-7.
          Tome II,
89 Bulesinger. *De causa gravitatis Physicâ generali disquisitio Physicâ experimentalis*, 1728.
  1 *Bouguer.* Méthode d'observer exactement, sur mer la hauteur des astres ;
25 *Bernouilly (J.).* Nouvelles Pensées sur le système de *Descartes*, et sur la manière de déduire les orbites et les aphélies des planètes. 1730.
  7 *Bouguer.* De la Méthode d'observer en mer la déclinaison de la boussole ; 1731.
  5 *Bouguer.* Sur la cause de l'inclinaison des orbites des planètes ; 1732 et 1734.
  4 *Poteni.* De la Manière de mesurer sur mer le chemin du vaisseau ; 1733.
          Tome III,
  3 Fabrique des ancres.
          Tome IV,
  3 Quatre Pièces sur le flux et reflux, par *Euler, Cavaleri, Mac-Laurin* et *Dan. Bernouilli* ; 1740.
  8 Tome V complet, *plus, les deux pièces suivantes* :
  1 Sur l'inclinaison de l'aiman, par *Dan. Bernouilli* et *Euler* ; 1745.
  2 Sur l'aiman, trois pièces de MM. *Euler, Dufour,* et de MM. *Dan. et J. Bernouilli*, 1744 et 1746.
          Tome VII,
  2 Sur la nature et la cause des courans ; 1749 et 1751.
  1 Manière de suppléer à l'action du vent, par *Bernouilli*, 1753.
  1 Sur le tangage et le roulis ; 1755.
 10 Sur la perfection des Verreries ; 1760.
          Tome VIII,
  1 Sur la manière de suppléer à l'action du vent, par *Mathon-de-la-Cour*, 1753.
  1 Sur les inégalités de la terre, par *Euler* ; 1756.
  2 Mémoires de l'Institut national des sciences et des arts, 17 vol. in-4.°, cart. (*manquent les Tomes I et II de la classe de littérature*).
  1 Abrégé des Transactions Philosophiques de la société royale de Londres, trad. de l'ang., et rédigées par *Gibelin* et autres. *Paris*, 1787, 10 vol. in-8.°, br.

EDUCATION.

24 *Locke.* De l'Éducation des Enfans, trad. par *Coste.* *Paris*, 1798, 2 vol. in-12, *rel.*

4 — Le même, *br.*

3 *Le Prince de Beaumont* (Madame). Magasin des Enfans. *Lyon*, 1793, 2 vol. in-12, *rel.*

3 — Le même, *br.*

10 — Magasin des Adolescentes. *Paris*, 1787, 2 vol. in-12, *rel.*

6 — Le même, *br.*

2 *Le Prince de Beaumont.* Instructions pour les jeunes dames. *Lahaye*, 1764, 4 vol., pet. in-12, *reliés.*

3 *Reire.* L'École des jeunes Demoiselles, 2 vol. in-12, *reliés.*

3 *Epinai* (Madame). Conversations d'Émilie. *Paris*, 1788, 2 vol. in-12, *rel.*

1 *Berquin.* Collection de ses OEuvres, 18 vol. in-18, *br.*

6 *Leclerc.* Abrégé des Études de l'Homme fait, en faveur de l'homme à former. *Paris*, 1789, 2 vol. in-8°.

1 *Moustalon.* Le Lycée de la Jeunesse, ou cours d'instruction à l'usage des jeunes gens de l'un et l'autre sexe. *Paris*, 1801, 2 vol. in-12, *rel.*

2 Étrennes d'un Père à ses Enfans, 3 vol. in-24, *rel.*

4 *Lambert.* Manière d'instruire les pauvres. *Paris*, 1779, in-12, *rel.*

6 *Bertault.* Quadrille des Enfans, in-8°, *br.*

1 Leçons des Écoles Normales, recueillies par des Sténographes. *Paris*, 1800, 13 vol. in-8°, fig., *br.*

FINANCES ET COMMERCE.

1 *Forbonnois.* Recherches sur les Finances de France. *Liège*, 1758, 6 vol. in-12, *rel.*

9 *Ricard.* Traité du Commerce, in-4°, tome 3.

4 *Giraudeau.* La Banque rendue facile aux principales nations d'Europe. *Lyon*, 1793, in-4°.

16 *Ruelle.* Opérations des Changes des principales places de l'Europe. *Paris*, 1799, 1 vol. in-8°, *rel.*

20 — Les mêmes, *br.*

4 — Traité des Arbitrages de la France, avec les principales places de l'Europe. *Lyon*, 1793, in-8°, *rel.*

3 *Laporte.* La Science des négocians et teneurs de livres. *Paris*, 1798, in-8°, oblong, *rel.*

2 — La même, *br.*

1 *Blondel.* La Tenue des livres de Commerce, à
parties simples et à parties doubles. *Lyon*, 1801,
in-4.º

PHYSIQUE, HISTOIRE NATURELLE.

1 *Francklin.* Collection de ses OEuvres, trad. de l'ang.
par *Barbeu-du-Bourc. Paris*, 1773, 2 v. in-4.º, *br.*

1 *Lamarck.* Recherches sur les causes des principaux
faits physiques. *Paris*, 1794, 12 vol. in-8.º, *rel.*

3 — Les mêmes, *br.*

2 *Sigaud-de-Lafond.* Dictionnaire des Merveilles de
la Nature. *Paris*, 1802, 3 vol. in-8.º, *rel.*

3 *Pline.* Histoire Naturelle, trad. en franç. par *Poin-
sinet-de-Sivry. Paris*, 1771, 12 vol. in-4.º, *rel.*

3 *Aristote.* Histoire naturelle des Animaux, trad. par
Camus. Paris, 1783, 2 vol. in-4.º, *rel.*

2 Cours d'Histoire Naturelle, 7 vol. in-12, fig., *br.*

1 — Le même, *rel.*

1 *Richard.* Histoire naturelle de l'air et des météores.
Paris, 1771, 10 vol. in-12, *rel.*

2 — La même, *br.*

1 *Camper.* Collection de ses OEuvres, qui ont pour
objet l'Histoire Naturelle, la Physiologie et l'Ana-
tomie comparée. *Paris*, 1803, 3 vol. in-8.º, et
Atlas in-fol.

1 *Henckel.* Pyritologie, ou Histoire Naturelle de la
Pyrite. *Paris*, 1760, 1 vol. in-4.º, *rel.*

2 *Lamarck.* Système des Animaux sans vertèbres.
Paris, 1802, in-8.º, *br.*

Agriculture et Botanique.

3 *Rozier.* Cours complet d'Agriculture. *Paris*, 1793,
10 vol. in-4.º, *rel.*

2 — Le même, *br.*

4 *Rozier.* Cours d'Agriculture, tom. 9 et 10, in-4.º,
fig. *br.*

1 *L'Agronome*, ou Dictionaire du Cultivateur. *Paris*,
1764, 2 vol. in-8.º, *rel.*

1 — Le même, *br.*

1 *Young (Arthur).* Le Cultivateur Anglais, 18 vol.
in-8.º, *br.*

6 *Young (Arthur).* Voyage en Irlande, traduit
par *Milon. Paris*, 1808, 2 vol. in-8.º, *rel.*

1 *Beguillet.* Traité des subsistances et des grains qui
servent à la nourriture de l'homme. *Paris*, 1802,
6 vol in-8.º, fig.

2 *Parmentier.* Traité sur la culture des grains, suivi de l'art de faire le pain. *Paris*, 1802, 2 vol. in-8.º, fig., *br.*

1 *Labretonnerie.* Corespondance Rurale. *Paris*, 1783, 3 vol. in-12, *rel.*

3 *Combles.* L'Ecole du Jardin Potager, *Paris*, 1802, 2 vol. in-12, *rel.*

12 Parfait Vigneron, in-12, *br.*

2 *Linnæi Systema plantarum Europæ, curante Gilibert.* Coloniæ, 1785, 4 vol. in-8.º *br.*

2 *Linnæi Systema vegetabilium, curante Murray.* Parisiis, 1798, in-8.º *rel.*

4 *Buliard.* Dictionnaire de Botanique. *Paris*, 1799, in-8.º fig. *br.*

3 *Senebier.* Physiologie Végétale. *Genève*, 1800, 5 vol. in-8.º, *br.*

Médecine et Chymie.

10 *Buchan.* Médecine Domestique trad. par *Duplanil.* *Paris*, 1802, 5 vol. in-8.º, *rel.*

1 — La même, pap. vel., cart. à la Bradelle.

2 Mémoires de la Société Médicale d'Emulation. *Paris*, 1797 et années suivantes, 4 vol. in-8.º, *br.*

4 *Astruc.* Traité des Maladies Vénériennes. *Paris*, 1777, 4 vol. in-12.

1 *Hevin.* Cours de Pathologie et de Thérapeutique chirurgicale. *Paris*, 1793, 2 vol. in-8.º, *br.*

1 *Lemery.* Dictionnaire des Drogues. *Paris*, 1759, in-4.º, *rel.*

6 *Passerat-de-la-Chapelle.* Recueil des Drogues simples, ou Matières Médicinales. *Paris*, 1753, in-12, *rel.*

10 *Venette.* Tableau de l'Amour Conjugal. *Paris*, 1789, 2 vol. in-12, *rel.*

1 *Fourcroy.* Connoissances Chimiques. *Paris*, 1891, 6 vol. in-4.º.

Mathématiques.

4 *Lacaille.* Cours de Mathématiques, publié par *Marie* et par *Thévenot.* *Paris*, 1795, in-8º *br.*

1 *Saury.* Cours de Mathématiques, 5 vol. in-8.º, *br.*

3 *Trincano.* Elémens de Fortifications. *Paris*, 1786, 2 vol. in-8.º fig. *rel.*

1 — Les mêmes, *br.*

10 *Barême.* Arithmétique. *Paris*, 1788, in-12, *rel.*

12 — Le Livre nécessaire pour les Comptables. *Paris*, 1756, in-12, *rel.*

Arts Libéraux et Méchaniques

1 Descriptions des Arts et Métiers faites et approuvées
par l'académie des sciences, et publiées par
Bertrand. Neuchâtel, 1781, 20 vol. in-4.°
(manquent les tomes 6, 8 et 12).

2 Collection de nouveaux Bâtimens pour la décoration
des grands jardins et des campagnes; ornée de
44 pl. *Leipsik*, 1802, in-fol.

1 Collection de Gravures en bois, et de dessins de plusieurs grands maîtres, renfermés dans un carton
in-fol.

1 *Groslier - de - Servière*. Description du cabinet de
M. de *Servière*, ornée de 100 pl. en taille douce.
Paris, 1751, 1 vol. in-4.°

9 *Bertin*. Systême de Sténographie. *Paris*, 1804,
in-8.°, *br.*

2 *Laguérinière*. Elémens de Cavalerie, 2 vol in-12,
br.

8 *Déjean*. Traité de la Distillation. *Paris*, 1801,
2 tomes, en un vol. in-12, *rel.*

10 — Le même, *br.*

4 Pâtisserie de Santé, 2 vol. in-12, *br.*

1 Secrets concernant les arts et métiers. *Bruxelles*,
1747, 2 vol. in-12, *rel.*

BELLES-LETTRES.

Introduction à l'étude des Belles-Lettres.

8 *Domairon*. Principes des Belles-Lettres. *Paris*,
1802, 3 vol in-12, *rel.*

1 *Rollin*. Traité des Etudes. *Paris*, 1755, 4 vol.
in-12, *rel.*

1 — Le même, *br.*

1 *Trublet*. Essais sur divers sujets de littérature et de
morale. *Paris*, 1754, 4 vol. in-12, *rel.*

Grammaires et Dictionnaires de différentes langues; Orateurs.

6 Essai synthétique sur l'origine de la formation des
langues, in-8.°, *rel.*

2 Apparat Royal, Dictionnaire Français-latin, in-8.°,
br.

1 *Veneroni*. Grammaire Italienne, publiée par *Gattel*.
Lyon, 1800, in-8.° *rel.*

1 Dictionnaire de l'Académie française, publié par
Laveaux. *Paris*, 1802, 2 vol. in-4.°, *rel.*

1 — Le même, *br.*

1 Dictionnaire Grammatical de la langue française.
Paris, 1786, 2 vol. in-8.°, *br.*

1 *Lunier.* Dictionnaire des Sciences et des Arts.
Paris, 1806, 3 vol. in-8.°, *br.*

1 *Restaut.* Traité de l'Ortographe française. *Paris*,
1797, 2 vol. in-8.°, *br.*

2 *Gérard.* Synonymes françois, augmentés par
Beauzée. *Lyon*, 1801, 2 vol. in-12, *br.*

11 Synonymes françois, par Diderot, d'Alembert et
de Jaucour. *Paris*, 1801, in-12, *rel.*

9 *Philippon - de - la - Madeleine.* Dictionnaire des
Homonymes. *Paris*, 1799, in-8.°, *br.*

2 *Leroux.* Dictionnaire Comique, 2 vol. in-8.°, *br.*

1 *Sobrino.* Dictionnaire Espagnol et Français. *Lyon*,
1789, 3 vol in-4.°, *rel.*

3 *Cormon.* Dictionnaire portatif Espagnol et Français.
br.

4 — Le même, 2 vol. in-8.°, *rel.*

1 *Schwan.* Dictionnaire Allemand et Français, et
Français Allemand. *Manheim*, 1783, 6 vol.
in-4.°, *rel.*

20 *Salaur. Dufresnoy.* Grammaire comparée de la
langue française et anglaise, ou méthode facile
pour apprendre ces deux langues, avec un cours
de thèmes. *Paris*, 1804, in-8.°, *br.*

1 *Heinsii (Danielis) orationes, Lugd. Bat. Elzevir,*
1 vol. in-8.

1 *D'Alembert.* Eloges des Académiciens, depuis 1700
jusqu'en 1771, *Paris*, 1785, 6 vol. in-12, *rel.*

1 — Les mêmes, *br.*

4 *D'Alembert.* Ses OEuvres posthumes. *Paris*, 1799,
2 vol. in-12, *rel.*

5 — Les mêmes, 2 vol. in-12, *br.*

Poëtes Grecs et Latins.

6 *Homere.* L'Odyssée, poëme, trad. par Gin. *Paris*,
1783, 3 vol. in-12, *rel.*

6 *Pindare.* Odes Pythiques, trad. par Chabanon.
Paris, 1772, in-8.°, *rel.*

6 *Appollonius de Rhodes.* Expédition des Argonautes,
poëme trad. par Caussin. *Paris*, 1797, in-8.°,
rel.

3 *Petrone.* Traduction entière. *Paris*, 1799, 2 vol.
in-8.°, *rel.*

5 — La même, *br.*

5 *Silius Italicus de bello punico secundo, curante de Villebrune. Parisiis,* 1781, *in-*12, *rel.*

Poésie Française, Mythologie.

2 *Lafontaine.* Contes et Nouvelles en vers. *Amsterdam,* 1776, 2 vol. in-8.°, fig. *rel.*

13 *Lafontaine.* Ses Fables avec les notes de Costes. *Paris,* 1800, 2 vol. in-12 *rel.*

7 — Les mêmes, *br.*

11 Fables et Contes empruntés de meilleurs fabulistes latins, anglais et allemands, et mis en vers français. *Paris,* 1754, pet. in-12, *rel.*

6 Fablier de la Jeunesse et de l'âge mûr. *Lyon,* 1802, 3 vol. in-12, *rel.*

1 *Grécourt.* Collection de ses œuvres. *Paris,* 1789, 3 vol. in-8.°, *rel.*

2 — La même, *br.*

5 *Bernis.* Collection de ses œuvres. *Paris,* 1797, 2 vol. in-12, *br.*

3 — La même, *rel.*

10 *Panard.* Œuvres choisies, 3 vol. in-18., *br.*

4 *Berquin.* Ses Idylles, ornées de figures en taille-douce. *Paris,* 1775, 2 tomes en 1 vol. in-18, gr. pap. *rel. veau et tr. dorée.*

8 — Les mêmes, pap. ord., *rel. veau fil.*

13 *Roucher.* Les Mois, poëme. *Paris,* 1779, 4 vol. pet. in-12, *br.*

50 *Genlis (Mad. de).* l'Herbier moral, ou recueil de Fables et Poésies fugitives. *Paris,* 1800, in-12, *br.*

5 *Beffroy de Rigny (dit le Cousin Jacques).* Les Soirées chantantes ou le Chansonnier bourgeois. *Paris,* 1805, 3 vol. pet. in-12, *rel.*

30 — Les mêmes *br.*

1 *Corneille (Thomas);* Son Théâtre. *Paris,* 1714, 5 vol. in-12, *rel.*

1 *Dancourt.* Collection de ses œuvres. *Paris,* 1711, 7 vol. in-12, *rel.*

4 *Lafosse.* Ses œuvres dramatiques. *Paris,* 1747, 2 vol. in-12, *rel.*

7 *Crébillon.* Son Théâtre. *Paris,* 1789, 3 vol. pet. in-12, *rel.*

1 — Le même, *br.*

1 *Tasse (le).* Jérusalem délivrée, poëme, trad. par Lebrun, ornée de 20 fig. dessinées par Lebarbier. *Paris,* Bossange, 1803, 2 vol. in-8.°, *br.*

3 *Tasse* (*le*). Jérusalem délivrée, poème, trad. en vers, par Baour de Lormian, 2 vol. in-8.º, *br.*

4 *Camoëns*. La Lusiade, poème trad. par *Duperron de Castera*. Paris, 1768, 3 vol. in-12, *rel.*

1 — La même, *br.*

3 *Milton*. Paradis Perdu, trad. par *Laveaux*. Paris, 1800, 2 vol. in-8.º, *rel.*

48 *Basseville*. Élémens de Mythologie, ornés de figures. Paris, 1802, in-12, *rel.*

36 — Les mêmes, *br.*

8 *Brunel*. Cours de Mythologie, in-12, *br.*

Romans anciens et modernes.

1 *Longus*. Amours Pastorales de Daphnis et Chloé, translatés en français, par Amyot, ornés des figures du Régent. *Londres*, 1779, in-8.º, *rel.*

2 Apulejo Dell' Asino doro. — Cherea e Callirroe. — Daphni e Chloe. — Abrocome e Anzia, tradotti in lingua Toscana. *Parigi*, 1781, 4 vol. in-4.º, *cart.*

1 Bibliothèque des Romans, depuis son origine, en 1775, jusques y compris 1784; 76 vol. in-12.

1 Nouvelle Bibliothèque des Romans. *Paris*, 1799, 80 vol. in-12, formant les 5 premières années.

1 Amadis des Gaules, 1546, in-fol., les 8 premiers livres. (manquent les 5 et 6.º liv.)

10 *Fénélon*. les Aventures de Télémaque, 2 vol. in-12, *rel.*

14 *Fénélon*. Les Aventures de Télémaque, en anglais et français. *Paris*, 1801, 2 vol. in-12, *br.*

5 — Les mêmes, *rel.*

3 *Foé* (*Daniel de*). Vie et Aventures de Robinson Crusoë. *Paris*, 1768, 6 tomes en 3 vol. in-12, *rel.*

1 — Les mêmes, *br.*

5 Soupers de Vaucluse. *Paris*, 1789, 3 vol. in-12, *rel.*

2 — Les mêmes, *br.*

3 *Bertin*. Encyclopédie Comique, 3 vol. in-12, fig. *br.*

Critique et Polygraphie.

6 *Barbier Daucour*. Sentimens de Cléante sur les entretiens d'Ariste et d'Eugène. *Paris*, 1776, in-12, *rel.*

1 *St.-Réal*. Collection de ses OEuvres. *Paris*, 45, 6 vol. in-12.

1 *Fontenelle.* Collection de ses œuvres. *Paris*, 1766,
    11 vol. in-12, *rel.*

1 *Sévigné (Mad. de) ;* Collection de ses Lettres,
    publiée par Grouvelles. *Paris*, Bossange, 1806,
    8 vol. in-8.°, fig., pap. d'Angoulême, *br.*

1 — Collection de ses Lettres. *Rouen*, 1790, 10 vol.
    in-12, *br.*

HISTOIRE.

Voyages.

1 *Prevost.* Histoire générale des Voyages, 26 vol. in-4.°,
    gr. pap., *br.* (manquent les tomes 1 et 3).

1 *Laharpe.* Abrégé de l'Histoire générale des Voyages.
    Paris, 1780; 44 vol in-8.° et Atlas; *rel. en veau.*

4 — Abrégé de l'Histoire générale des Voyages faits
    en Europe. *Paris*, 1803, 12 vol. in-8.°, *rel.*

1 *Laporte.* Le Voyageur Français. *Paris*, 1769,
    30 vol. in-12, *rel.*

3 *Adams (John) ;* Choix des Voyages modernes,
    pour l'instruction et l'amusement des deux sexes,
    trad. de l'Angl. par André. *Paris*, 1800, 2 vol.
    in-8.°, fig., *br.*

2 *Anson.* Voyage autour du monde; trad. de l'Angl.
    4 vol. in-12, *rel.*

1 *Fleurieu.* Voyage en différentes parties du monde.
    Paris, 1773, 2 vol. in-4.°, *cart.*

2 *Cook.* Voyage à l'Océan Pacifique, trad. par
    Desmeunier. *Paris*, 1785, 4 vol. in-8.°, *br.*

1 Voyage Historique et Littéraire dans la Suisse Oc-
    cidentale. *Neuchâtel*, 1781, 2 vol. in-8.°, *rel.*

1 *Sestini.* Viaggo de Costantinopoli à Bassora, 1786,
    1 vol. in-8.°, *rel.*

1 *Coxe (William) ;* Voyage en Pologne, Russie,
    Suède et Danemarck, trad. de l'Angl. par Mallet.
    Genève, 1787, 4 vol. in-8.°, fig.

2 *Néarque.* Voyage de Bouches de l'Indus jusqu'à
    l'Euphrate, trad. de l'Anglais de William Vin-
    cent. *Paris*, 1800, 3 vol. in-8.°, *br.*

2 *Cossigny.* Voyage à Canton. *Paris*, 1799, 1 vol.
    in-8.°, *rel.*

1 *Thunberg.* Voyage au Japon par le Cap de Bonne-
    Espérance, trad. par Langlès. *Paris*, 1796, 2 vol.
    in-4.°, *rel.*

1 — Le même, *br.*

1 *Bruce.* Voyage en Nubie et en Abyssinie, trad. de

l'Angl., par Castéra. *Paris*, 1790, 13 vol. in-8.°, et Atlas *rel.*

5 — Le même, *br.*

1 — Le même, 10 vol in-8.°, *br.*

1 — Le même, 6 vol. in-4.°, *br.*

3 — Le même, 6 vol. in-4.°, *rel.*

20 *Isert.* Voyage en Guinée et dans les Îles Caraïbes, traduit de l'Allemand. *Paris*, 1793, 1 vol. in-8.°, *br.*

1 *Mackenzie.* Voyage dans l'intérieur de l'Amérique, trad. par Castéra. *Paris*, 1802, 3 vol. in-8.°, *br.*

6 *Chatellux.* Voyage dans l'Amérique septentrionale. *Paris*, 1788, 2 vol. in-8.°, fig., *rel.*

2 *Billecoq.* Voyages chez différentes nations sauvages de l'Amérique septentrionale. *Paris*, 1794, 1 vol. in-8.°, *rel.*

Histoire ancienne et moderne.

2 *Domairon.* Rudimens de l'Histoire. *Paris*, 1801, 4 vol. in-12, *br.*

1 *Rollin.* Histoire ancienne. *Paris*, 1758, 14 vol. in-12, *rel.*

1 *Taillié.* Abrégé de l'Histoire ancienne de Rollin. *Lyon*, 1801, 5 vol. in-12, *br.*

1 Tableaux des anciens Grecs et Romains, avec fig. coloriées. *Paris*, 1785, 2 cahiers in-4.°, *br.*

1 — Les mêmes, in-4.°, *rel.*

1 — Les mêmes, gr. pap. in-fol.

1 *Barthelemy.* Voyage du jeune Anacharsis en Grèce. *Paris*, Didot jeune, 1799, 7 vol. in-8.°, et Atlas, pap. d'Hol., *cart.*

1 — Le même, en feuilles.

1 — Collection de ses œuvres diverses. *Paris*, 1798, 2 vol. in-8.°, *br.*

1 *Eckard (Laurent);* Histoire Romaine. *Paris*, 1754, 12 vol. in-12, *rel.*

14 *Lhomond.* Abrégé de l'Histoire des hommes illustres de Rome, trad. du latin, par Lahoussaie. *Paris*, 1805, 2 vol. in-12, *rel.*

7 — Le même, *br.*

4 *Millot.* Tableaux de l'Histoire Romaine, ornés de figures en taille-douce. *Paris*, 1796, in-fol., pap. vélin.

10 — Abrégé de l'Histoire Romaine, orné de 49 figures. *Paris*, 1805, 1 vol. in-4.°, gr. pap.

1 *Fergusson.* Progrès et Chute de l'Empire Romain, 6 vol. in-8.°, *br.*

3 *Tite-Live*. Morceaux choisis de son histoire, trad.
    par l'Abbé Paul. *Marseille*, 1781, 2 vol. in-12.

1 *Tacite*. Traduction du P. Dotteville. *Paris*, 1796,
    7 vol. in-8.°, *br.*

1 — Le même, 7 vol. in-8.°, *rel.*

2 — Le même, 7 vol. in-12, *rel.*

1 — Le même, 7 vol. in-12, *br.*

4 — Morceaux choisis de ses annales, trad. en fran-
    çais par d'Alembert, avec le texte latin à côté. *Paris*,
    1784, 2 vol. in-12, *rel.*

3 — Les mêmes, *br.*

2 — Vie d'Agricola, in-12, *rel.*

22 *Saluste*. Traduction de Dotteville. *Paris*, 1807,
    in-12, *rel.*

12 — Le même, *br.*

1 *Middleton*. Histoire de Ciceron, tirée de ses écrits,
    trad. par l'Abbé Prevost. = Lettres de Ciceron à
    Brutus, trad. par le même. *Paris*, 1743, 5 vol.
    in-12, *rel.*

5 *Fléchier*. Histoire de Théodose-le-Grand. *Paris*,
    1790, in-12, *rel.*

15 *Labletterie*. Histoire de Jovien, et traduct. de quel-
    ques ouvrages de Julien. *Paris*, 1776, in-12, *rel.*

4 *Mehegan*. Tableau de l'Histoire Moderne. *Paris*,
    1778, 3 vol. in-12, *rel.*

Histoire de France.

1 *Robert de Hesseln*. Dictionnaire Universel de la
    France. *Paris*, 1771, 6 vol. in-8.°, *rel.*

9 Itineraire de la France, ou tableau général des
    routes et chemins de traverses de ce royaume,
    orné d'une carte géographique. *Paris*, 1788,
    2 vol. in-8.°, *br.*

5 Tableau de l'Histoire de France depuis le com-
    mencement de la Monarchie jusqu'à Louis XVI.
    Paris, 1788, 2 vol. in-12, *rel.*

1 *Sauvigny*. Essais historiques sur les Mœurs des fran-
    çais, ou Traduction des anciens Historiens de
    France depuis Clovis jusqu'à St.-Louis. *Paris*,
    1785, 5 vol. in-4°

1 — Le même, 5 vol. in-8.°, gr. pap.

2 *Gaillard*. Histoire de Charlemagne. *Paris*, 1782,
    4 vol. in-12, *rel.*

1 — Le même, *br.*

1 *Mercier*. Tableau de Paris et portraits des Rois de
    France. *Amsterdam*, 1782, 16 vol. in-8.°, *rel.*

1 *Anquetil.* Louis XIV, sa Cour et le Régent. *Paris*, 1793, 4 vol. in-12, *rel.*

2 — Le même, *br.*

3 *Voltaire.* Siècles de Louis XIV et de Louis XV, publiés par Palissot. *Paris*, 1796, 3 vol. in-8.°, *br.*

2 Galerie de l'ancienne Cour, 4 vol. in-12, *br.*

3 *Soulavie.* Mémoires historiques sur la Cour de France, pendant la faveur de la Marquise de Pompadour. *Paris*, 1802, in-8.°, *br.*

4 *Desjardins.* Campagnes des Français en Italie. *Paris*, 1797, 5 vol. in-8.°, *br.*

1 *D'Egly.* Histoire des Rois des deux Siciles, de la maison de France. *Paris*, 1741, 4 vol. in-12, *mar. rouge.*

Histoire d'Angleterre, et d'autres Empires d'Asie, d'Afrique et d'Amérique.

2 *Henry.* Histoire d'Angleterre, trad. de l'Anglais par Boulard et Cantwel. *Paris*, 1789, 6 vol. in-4.°, *rel.*

3 *Gibbon.* Ses Mémoires, 2 vol. in-8.°, *br.*

1 *Lacombe.* Abrégé chronologique de l'Histoire du Nord. *Paris*, 1762, 2 vol. in-8.°, *rel.*

3 *Grosier.* Histoire de la Chine, 11 vol. in-4.°, *br.*

6 *Turpin.* Vie de Mahomet. *Paris*, 1779, 3 vol. in-12, *rel.*

1 *Cardonne.* Histoire d'Afrique et de l'Espagne, sous la domination des Arabes. *Paris*, 1765, 3 vol. in-12, *rel.*

3 *Pauw.* Recherches philosophiques sur les Egyptiens et les Chinois. *Berlin*, 1774, 4 tomes en 2 vol. in-12, *rel.*

2 *Robertson*, Histoire d'Amérique, tome 5, trad. par Morellet. *Paris*, 1798, in-12, *rel.*

Histoire littéraire et biographie.

1 *Desfontaines et Freron.* Observations sur les écrits modernes et Année littéraire, depuis 1754, jusques y compris 1786, (manq. les années 1776, 1777, 1778 et 1779), en tout 273 vol. in-12.

3 *Diogène de Laerce.* Vies des plus illustres philosophes de l'antiquité. *Paris*, 1796, 2 vol. in-8.°, *br.*

25 *Fénélon.* Vies des anciens philosophes. *Paris*, 1771, in-12, *rel.*

2 *Fénelon*. Vies des anciens philosophes, in-12, *br*.
1 Supplément (3.e) au Dictionnaire des Hommes illustres, tome 9. *Lyon*, 1791, in-8.º, *br*.
4 — Le même, *rel*.
1 Dictionnaire des portraits, anecdoctes, et traits re-
   marquables des hommes illustres. *Paris*, 1768,
   3 vol. in-8.º, *rel*.

ORDRE DES VACATIONS.

1.re VACATION, mercredi 2 novembre 1808, — depuis
la *Théologie* jusqu'à l'*Education*, exclusivement, au
bas de la page 8.

2.e VACATION, jeudi 3 novembre, — depuis l'*Education* jusqu'aux *Belles-Lettres*, exclusivement, page 12.

3.e VACATION, vendredi 4 novembre, — depuis les
Belles - Lettres jusqu'à l'*Histoire*, exclusivement,
page 16.

4.e VACATION, samedi 5 novembre, — toute l'*Histoire*, mais l'on finira par les *Voyages*.